AMALGAM

VOLUM DE POEZII

AUTOR CRISTIAN CHISTRUGA

COPYRIGHT © CRISTIAN CHISTRUGA
TOATE DREPTURILE REZERVATE

MONTREAL   CANADA   2024

ISBN 978-2-9823053-0-4

Lucrare înscrisă în catalogul Bibliotecii Naționale a Canadei
Lucrare înscrisă în catalogul Bibliotecii Naționale din Quebec

Autorul și editorul prezentei lucrări dețin toate drepturile de autor asupra acestui volum de poezii. Toate materialele sunt originale. Nu a fost folosită IA. Orice reproducere, totală sau parțială, prin orice mijloace așa cum și traducerea în totalite sau parțială, în orice altă limbă, fără permisiunea scrisă a deținătorului dreptului de autor, reprezintă o încălcare a legislației cu privire la protecția propietății intelectuale și se pedepsesc civil/penal în conformitate cu legile în vigoare.

2024
Montreal, Quebec, Canada

REDACTOR: CRISTIAN CHISTRUGA
EDITOR: CRISTIAN CHISTRUGA
CORECTARE: CRISTINEL DORE
CONTACT: CHISTRUGA.CRISTIAN@YAHOO.CA

La început a fost
Cuvântul
Iar Cuvântu-i
Dumnezeu...

Eu

Să încep cu începutul. Acest volum de poezii n-ar fi existat dacă n-am fi fost doi. Da, doi. Întâi este Dumnezeu, cel care de câțiva ani, când și când, coboară și îmi dictează. Apoi sunt eu. De aceea, dacă ceva din această carte nu este la înălțimea așteptărilor voastre, dragi cititori, este în totalitate vina mea și numai a mea, deoarece nu am fost capabil să plasmez în scris toată înțelepciunea, bucuria și bunătatea pe care El mi-a transmis-o. Îmi cer sincer iertare.

Acest volum de poezii este volumul meu de debut, care după ani și ani de clocotire interioară și muncă susținută a reușit să iasă la suprafață și se vrea a fi o împletire de gânduri și simțăminte, idei și speranțe. Este un vechi vis care iată, a devenit realitate.

AMALGAM este numele pe care i l-am dat acestui volum deoarece în paginile sale am selectat câteva poeme din aproape toate genurile de poezie cu care cochetez. Următoarele volume pe care doresc să le public vor avea fiecare o tematică specifică și nu vor mai fi un AMALGAM. Toate lucrările vor conține poezii care vor rămâne martore peste timp al transformarilor inerente ale lumii, o lume care nu mai are, din păcate, timp sau interes pentru frumos. Sau dacă încă interesul pentru frumos încă este prezent, are o formă care, mai mult decât câteodată, nu corespunde cu valorile noastre, valori pe care le-am moștenit din moși strămoși și care fac parte din cultura și identitatea noastră. Noi, la rândul nostru suntem obligați să le cunoaștem pentru a le putea transmite generațiilor viitoare.

AMALGAM, ca și definiție este o adunătură de elemente fără legătură. Dar nu și în acest volum. Poeziile pentru copii se amestecă cu poeziile inspirate din natură iar creațiile de dragoste se amestecă subtil cu poeziile de suflet și cele religioase. Nimic nu este în plus, nimic nu lipsește. Împreunarea tuturor elementelor enumerate anterior și nu numai, fac ca doar numele cărții să fie un AMALGAM, nu și conținutul său.

Născut la mal de mare în mijlocul primăverii, am cochetat cu scrisul de pe la vârsta de 8-9 ani. Iar primele mele poezii, de care eram foarte entuziasmat la vremea aceea se intitulează *Cartea,* respectiv *Rândunica.* Nu pot, dar nici nu doresc ca vreodată să le uit.

Timpul s-a scurs și la un moment dat, pe nesimțite, eu și poezia ne-am pierdut unul de celălalt. Eu am luat-o pe un drum, spre țări străine și poezia pe altul, drum numai de ea știut, probabil în căutarea inspirației. Până într-o zi când soția mea, căreia nu-i spusesem vreodată de vechea mea iubire, poezia, mi-a dăruit în cadou un caiet și un pix. A fost pe 25 decembrie 2018. De ce acest cadou? Cu siguranță Dumnezeu a considerat că este timpul să ne reîntâlnim. Cu mare bucurie, mi-am adus aminte de acele momente din copilărie în care eram nedespărțiți. Chiar în acea seară, cu emoție și lacrimi în ochi am și scris prima poezie din această nouă etapă, poezie pe care am intitulat-o scurt: *Rugăciune.*
De atunci, drumurile noastre sunt nedespărțite. Noi mergem împreună, ca ziua și noaptea sau ca omul și umbra sa.

Nu pot să termin această scurtă introducere fără să mulțumesc soției mele și copiilor noștri pentru că mă acceptă așa cum sunt și că îmi permit să mă pierd printre cuvinte. Ei nu se supără atunci când găsesc versuri scrise ba pe un colț de hârtie care era pentru altceva, ba pe un șervețel pe masă la bucătărie sau cine știe pe unde. Le mulțumesc deoarece, câteodată, mă servesc de ei ca și sursă de inspirație sau îi rog să îmi dăruiască doar trei cuvinte de care să mă agăț pentru o următoare poezie.

De asemenea, am un gând pentru toți cei care care au fost întotdeauna alături de mine în momentele fericite sau mai puțin fericite ale vieții, familiei noastre lărgite și prietenilor noștri.

Viața-i prea scurtă, e cât treci peste-un pod!

Așa cum zice și versul acesta, vers pe care l-am extras din poezia mea intitulată *Lacrimi și pâine* putem conclusiona că viața este ca un pod. Metaforic vorbind, fiecare are podul mai lung sau mai scurt (o viață mai lungă sau mai scurtă), construit mai solid sau mai șubred (cu mai puține sau cu mai multe greutăți). Iar cu cât mai mult reparăm la el (fapte și gânduri bune, rugăciune, dragoste...) putem spera că podul nu se va prăbuși înainte de a ajunge pe malul celălalt.

Toți suntem încorsetați în propriul *eu*. Să ne străduim ca acest corset să nu ne fie o povară ci o zidire în care să ne simțim bine cu noi înșine, utilizând diferite metode. Scrisul sau cititul pot fi unele dintre acele metode care ne pot face să evadăm din cotidian și să fim iarăși noi. Oameni simpli, buni și curați, așa cum am și fost creați de Tatăl, Făcătorul a toate și a tuturor. De aceea, bucurați-vă!

Dumnezeu ne iubește pe toți. Dar noi, noi îl iubim suficient pe El?

Vă îmbrățisez cu drag, Cristian.

La început a fost Cuvântul

La început a fost Cuvântul
Şi Cuvântu-i Dumnezeu
A creat cerul, pământul
Iar pe om cu chipul Său.

I-a dat viaţă, zile multe
Şi la urmă moarte-a dat
Moarte-n astă lume vie
Lume cu griji şi păcat.

Dară moartea nu-i sfârşitul
Este un nou început
Unde sufletul, iubitul
E plecat în neştiut.

Un tărâm plin de iubire
Unde-i plin de Dumnezeu
Unde-i pace, fericire
Unde nu există rău.

La sfârşit va fi Cuvântul
Şi Cuvântu-i Dumnezeu
A creat cerul, pământul
Iar pe om cu chipul Său.

Lingătorul de vitrine

Am ieşit de dimineaţă
După carne şi verdeaţă
Era rece, era ceaţă
Nu vedeam nimic în faţă.

Într-o mână, o sacoşă
Era simplă, goală, roşă
Ce m-acompania mereu
Care-o fi ăl drumul meu.

Mai departe, luminiţe
Wow!...Ce mode şi ce fiţe
Ce pantofi şi ce sandale
Vai ce bluze şi ce poale!

Mirosea aşa de bine...
A brânzeturi de-alea fine
A gogoşi şi a sarmale
A vin fiert în cuişoare.

Ia priveşte mai încolo
Magazin ce vinde ouă
Câtă carne şi cotlete!
Salam, şuncă, tobe, fese...

Dintr-odată ceaţa toată
S-a topit ca într-o raină
Nu mai văd atunci nimic
Nu tu carne, nu batic...

Mă îndrept cu punga-n mână
Spre un magazin ruină
Ce miroase a stricat
Cu puţine de mâncat.

M-am trezit la realitate
Nu am bani şi dau din coate
Aş mânca eu îngheţate
Nu-mi permit, şi iau doar lapte.

Ling vitrine ce sunt pline
Doar în visuri, când îmi vine
Căci în cruda realitate
Burta mi-a ajuns la spate.

Vreau să fie din nou ceaţă
Să-mi imaginez verdeaţă
Cine ştie, dimineaţă
Punga o s-o umplu-n piaţă.

Basarabie, bucată de Românie

Fost-ai ruptă de la țară
De la mama ta, de glie
De pământul ce se ară
Cu sudoare și mândrie
De ai tăi bunici, de oase
Sfinte, moarte sub robie
Basarabie, ești dară
Bucată de Românie.

Țară dincolo de țară
Tu, pământ al bucuriei
Ce ai dat oameni de seamă
Pentru-a noastră Românie
Cărturari, oameni de frunte
Toți cu multă omenie
Ce-au făcut mândră o țară
Astă dulce Românie.

Dușmani răi te cotropiră
Te-a supus și te-a robit
Te a rupt de a ta mamă
Ce mult tare te-a iubit
Te-a îndepărtat cu oaste
Cu soldați mulți, furioși
Iar bisericile tale
Le-au distrus și le-au dat foc.

Dar să nu uiți tu vreodată
Dragă Basarabie
România, țara toată
E cu tine, chiar de nu e.
Tu ești trup din trupul nostru
Sânge de român străbun
Iar tu, moldovean fălos
Fii mândru că ești român.

Mai am doar umbra ta

În fața șemineului arzând
M-am așezat și stau plângând
Și printre amintiri zăresc
Doar umbra ta, pe care o iubesc.

Te-ai dus, nimeni nu știe unde
Din tine au rămas doar umbre
De sus din munte și până jos la mare
Eu peste tot te văd. Ești vie? Trăiești oare?

Pe tine de mulți ani eu te-am pierdut
Când focul dragostei ardea prea mult
Precum se arde flacăra în șemineu
Așa ardea iubirea-n pieptul meu.

Nici cel mai bun pompier de pe pământ
Și nici cel mai puternic vânt
N-ar fi îndrăznit ei să oprească
Flacăra-mi piept s-o potolească.

Dar iată timpul a trecut
Și să te uit eu n-am putut
Nici flacăra din pieptul meu
S-o sting n-am vrut, îmi pare rău.

Îmi pare rău dar n-o să pot
Focul să-l sting și să uit tot
Nu pot să cred cum de-ai putut
Tot ai lăsat și ai fugit.

Eu tare-aş vrea măcar doar un sărut
Din nou să te ating mai mult şi tot mai mult
De mine să te leg aş încerca
Cu fir lung de mătase strâns tare de-aş putea.

Umbrele focului ce ies din şemineu
Se proiectează peste tot în chipul tău
Şi chiar de tu nu eşti aici
O sărutare-mi dau şi parcă le simt dulci.

Eşti tare bun Doamne cu noi

De dimineaţa de cu zori
Ne-ntindem mâinile la cer
Să mulţumim Stăpânului
Mereu ne are-n grija Lui.

Eşti tare bun Doamne cu noi
Şi chiar de suntem laşi şi răi
Tu nu ne laşi în voia sorţii
Nu ne abandonezi nici de ar fi pe patul morţii.

Ne ierţi, ne-ajuţi şi ne iubeşti
Mereu alături de noi eşti
La bine dară mai ales la rău
Tu niciodată nu spui că-ţi este greu.

De-am şti mereu să-Ţi mulţumim
Pentru tot binele ce-l primim
Să te iubim căci ştim că Tu
Eşti Creatorul, altul nu-i.

Lacrimi și pâine

Apărut-au lacrimi multe
Pe obrajii mei doi goi
Căci am doruri mii, mărunte
Și suspin ca pentru doi.

Lacrimi dulci, lacrimi sărate
Sau cu gust neliniștit
Curg ca râurile-n noapte
Pe un munte mare-mic.

Eu în mână țin o pâine
O felie de suspin
Iar pe ea se scurg mii doruri
Îmbrăcate-n lacrimi vin.

Pâinea-i moale, bunătate
Gust de lacrimi și de chin
Pentru sufletu-mi ce-n noapte
Din moarte-a gustat puțin.

Dară când din nou trezit-am
Zorii zilei am zărit
Căci am doruri mii, mărunte
Și lacrimi la nesfârșit.

Înc-o zi și înc-o noapte
Suflet, doruri și suspin
Pâine, viață si-apoi moarte
Gust de lacrimi și de chin.

Două păsări

Pe o creangă-n parcul mare
Două păsări se certau
Nu era nici pe mâncare
Nici că nu aveau ce bea.

Vai! Vai! Vai! Ce hărmălaie
Și din aripi cum dădeau
Împrejurul lor doar paie, ridicau
Când cu ciocul se loveau.

Eu mă uit de jos la ele
Mă întreb, ce oare-o fi?
Ce-au pățit de ele-s rele?
Ce au oare a-mpărții?

Piu, piu, piu, de dimineață
Gălăgia a-nceput
Sunt ca țațele în piață
Ce mereu au de vorbit.

Dar deodată, ca un fulger
Din nimic a apărut
Atacând cu ciocu-i ager
Uliul mare și temut!

Hai surată, vino iute
Să ne-ascundem, să fugim
Uite uliul! Vino!...Du-te!
Sub crengi să ne-adăpostim!

Dintr-odată, simt în spate
Ghiare ce se-nfig profund
Pasărea și-a ei surată
Urlă tare chiar de fug.

Reușit-au să se-ascundă
Printre crengi și printre spini
Iar pe spate, pana-i udă
E de sânge, nu de mir.

Amândouă, împreună
Stau chitic, stau nemișcat
Așteptând uliul să fugă
Ele s-au reconciliat.

Au uitat ele de toate
Inclusiv că se certau
Acuma sunt ca surate
Împreună mereu stau.

E mai bine dragi copii
Să fiți buni și iubitori
Iară *ciocul* cât mai mic
Și să fiți ascultători.

Decât piu, piu, piu degeba
Voi mai bine vă-mpăcați
Cu prietenii ce-aveți
Tot timpul să vă jucați.

Căci nu știți voi niciodată
Unde uliul ascuns stă
Iar când sunteți fericiți
Tare bine vă mai stă!

Farisei cu celular

Nimic din tot ce este nu e ca înainte
Nimic din ce-o veni n-o mai fi ce a fost
Dar pân' acolo ca oamenii să n-aibă minte
Înseamnă c-am trăit cu toții fără rost.

Dureri aprinse în suflete murdare
Trădări, minciuni şi lupte fără de sfârşit
Doamne în zi dar noaptea sunt femei uşoare
Ce sunt capabile s-abandoneze pe soţ dar şi pe-ai săi copii.

Se vede duşmănia pe o faţă
Ce te salută cu un zîmbet diavolesc
Te-aşteaptă să greşeşti să iasă-n faţă
Ca să te vândă pe doi lei ce-s piscoşeşti.

Nimic nu mai contează, e totul doar trufie
Şi răutate fără de sfârşit
Suntem străini pe astă glie
Dar chiar şi-aşa, suntem duşmani nefericiţi.

Mereu grăbiţi şi rupţi de realitate
Otrăvitori prin fapte şi prin gând
Nu ne gândim deloc la ce lăsăm în spate
Ne amăgim mereu cu lucruri ce nu sunt.

Trăim înconjuraţi de-o lume seacă
Lipsită de cuprins şi conţinut
Aş vrea să văd eu unul care pleacă
De-ar fi măcar un metru de la rând.

Ca oile ce-s înşirate, parcă-s valuri
Într-o furtună începută dar fără de sfârşit
Stăm noi ca proştii strânşi de mână
Toţi laolaltă suntem, dar făr' să fim uniţi.

Doar aparențe, ne facem noi că plouă
Ne credem buni, aproape niște sfinți
Dar suntem răi și-n sinea noastră
Ne bucurăm văzând pe altul trist, plângând.

Ipocrizie pură în societate, zi de zi
Doar farisei moderni cu celular
Ce-și strâng cravata-n gât la nesfârșit
Să pară oameni buni și cu mult har.

Maică Sfântă

Pe-al tău chip o lacrimă se scurge
Te-aud Maică cum suspini
Iar Pruncul ce-L ții în brațe
Mă privește blând, senin.

Bună Maică, Sfântă, vie
Ai adus tu pe pământ
Pe Împăratul bucuriei
Pe Domnul nostru Iisus.

Ale tale mâini de Mamă
L-au legănat pe Stăpân
Când era micuț, în blană
Între oi și-ntre asini.

Fii cu noi Sfântă Marie
Mama noastră-a tuturor
Și te roagă Împărăției
Să ierte întregul popor.

Maică Sfântă, rugăciune
Trebuie să îți cinstim
Noi toți Maică, plini de bube
De păcate și suspin.

Pururea Maică Fecioară
Ai fost, ești și o să fii
Născătoare ne-ntinată
A lui Iisus, Fiu Preasfînt.

Frumoasă Românie

Frumoasă eşti dar nu ai nici o vină
De eşti călcată-n suflet, trădată fără milă
De unii oameni ce-ţi sunt conducători
Ce cred că-s împăraţi, dar toţi sunt muritori.

Nu mai sunt mulţi ca cei de altădată
Români adevăraţi, cu mamă şi cu tată
Care-au făcut ca limba română să nu piară
Şi graniţa apărat-au cu mâinile pe armă.

Tu suferi şi eşti tristă când fiii tăi români
Te-abandonează ţară pentru un trai mai bun
Iar fiicele românce ce-acasă tu aveai
Departe-şi nasc copiii şi n-or şti al tău grai.

Ai tricolorul rupt, pătat de griji ce-s multe
Şi lacrimi multe-ţi curg prin râuri de la munte
Se scurg încet spre marea învolburată
Ce sparge a ei valuri de diguri şi de piatră.

Uniţi nu suntem, doar vorbe ce sunt goale
Spuse la-ntâi a lunii când e aniversare
De oameni ce nu simt ce e să fi român
Căci asta nu se-nvaţă-n şcoli ci vine din străbuni.

Te naşti român sau nu eşti pe vecie
Căci sufletul ţi-l dă doar mama Românie
Iar mulţi din lumea largă români au vrut a fi
Şi mii de ani la rândul venit-au cotropii.

Iar Dumnezeu de-o vrea ca tu să fii român
Aicea te-o trimite, deci fi cu suflet bun
Căci socoteală multă, la Domnul drept, vei da
De cinste nu vei face la România ta.

Nebunul

Stăteam şi mă uitam pe geam
Şi ce vedeam eu nu credeam
Zăpadă multă, albă, aranjată
De vântul ce a măturat-o toată
Ca un covor întins, mare şi gros
Ce pe la margini este ros frumos
De garduri îngheţate
Care
Acolo stau fără suflare.
Un ger teribil a venit
Şi peste tot a împietrit
Orice încercare de mişcare
Ce fiecare vietate are.
Pe frigul ăsta infernal
Văd un nebun sus, sus pe deal
Ce în zăpadă s-a băgat
Şi tot covorul a stricat.
Cu paşi gigantici, săltăreţi
În mâini avea două găleţi
Ce sus pe deal cu el a luat
Şi capu-n ele a băgat.
Eu nu-nţeleg ce el făcea
Dar zău că un nebun era!
Avea pe cap doar o şăpcuţă
Un pantalon şi o bluziţă.
Îţi dai tu seama oare dară
Pe aşa frig să stai afară
În pantaloni şi în bluziţă
Şi cu o simplă şăpculiţă?
De ger şi pietrele-au crăpat
Cum zice-acel proverb din sat
E un nebun bun de legat
Am zis în gândul meu şi am plecat.

Dar prea departe nu m-am dus
Căci gându-mi la nebun e pus.
La geam eu m-am întors aşa
Când...văd nebunu-n curtea mea!
Păi stai aşa că nu-i aşa
Am zis atunci în sinea mea.
Pe loc eu geamul l-am deschis
Nebunul...nu-i!
E doar un vis?
Mă uit în jur şi iar mă uit
Dar pe nebun eu nu-l cuprind.
Frigul în faţă mă loveşte
Să fie doar un vis?
E omeneşte.
Geamul închid şi cu mirare
Mă uit din nou afară
Oare...
Să fie doar un vis?
Se poate?
Nebunul poate-s eu
Îmi zic în şoapte.
Mă scarpin după ceafă
Mă gândesc
Convins încep să fiu
Nu-i lucru omenesc...
Mă plimb prin cameră
În sus şi-n jos
Dar n-am curaj la geam să mă întorc.
Timpu-a trecut şi-a tot trecut
Încet, încet curaju-a revenit
M-am dus, perdeaua depărtat-o
Afară am privit
Privirea-am consterenat-o :
Nebunul nu-i
Din vis eu m-am trezit?
Nebun nu sunt dar poate-am devenit!
Ce stări ciudate
Ce simţăminte amare
Mă prind de peste tot
Mă ard, mă doare!
Eu geamu-l las şi plec

Și ies afară
În curte ajung
Mă urc pe deal...
E vară!
Capul îmi vâjâie
M-așez pe jos
Iarba e verde și florile miros
Afară-i cald și totul e frumos.
Cerul senin de păsări e străpuns
Soarele galben acolo sus e pus
Mâinile întind, respir, încerc să înțeleg
Ce se întâmplă oare?
M-ating...
Eu sunt întreg!
Iarba ating, o simt,
M-aplec, eu florile miros
Mirosul mă pătrunde
E așa de frumos!
Mă uit în zare
Și-n infinit eu văd
Mii de mioare
Cu ciobănei cu tot.
Capul întorc și înapoi privesc
Acolo văd un suflet omenesc.
El e departe, nu pot să îl ating
Un singur lucru însă
Eu pot să îl disting.
Pe cap o șapcă aranjată poartă
Și mâna lui ține-o găleată de toartă.
Nu pot să cred
Nu îmi revin
Să fie el nebunul?
De iarbă eu mă țin.
Afară-i cald și e frumos
Nebunu-n viața mea
El oare iar s-a-ntors?
Capul mă doare, eu tremur și tot strig
Ce este asta oare?
Și-ncep să mă închin.
În sus mă uit și multe stele văd

E negru afară
Nu pot să înțeleg...
În casă sunt, e frig afară
Afară ies și este vară
În sus mă uit și este noapte
Nebunul eu îl văd în toate!
Să înțeleg prin astea oare
Nebunul ăla-s eu?
Și-n capul meu
Îl simt, îl văd și îl aud
În viața cea reală
Eu nu pot să pătrund.
Eu ochii îi deschid
În sus privesc
Pe pat sunt așezat
Și-ncep eu să vorbesc.
Deci mort nu sunt
La geam mă duc
În zare eu privesc
Departe, printre ramuri
Eu pot să deslușesc:
SPITAL DE NEBUNI
Pot eu să citesc.
Deci asta e, acuma înțeleg
Eu sunt nebun de-a binelea
Și mă întreb
Deci totu-a fost un vis?
Încep să râd
Perdeau înapoi o trag
Încep să plâng.
Ce viață amară eu am ajuns să am
Singur în astă sală
Eu privesc doar pe geam.
Timpul ce trece încet
E nesfârșit
Eu viața o am goală
Are ea un sfârșit?

Sunt sărac

Sunt sărac, sărac de toate
Că de-avut, n-am nici păcate
I le-am plâns lui Dumnezeu
Domnul şi Stăpânul meu.

N-am nici apă în fântână
Nici lemne, nici rogojină
Dar am sufletu-mpăcat
Şi mă simt cel mai bogat.

Rog pe bunul Dumnezeu
Când mi-o lua sufletul meu
Precum Alexandru Domn
Să mă-ngoape sub un pom.

Toţi să vadă şi să ştie
Că nimic nu iei cu tine
Poate maxim două, trei
Scânduri şi cuie să iei.

Sunt sărac dar fericit
În Rai am agonisit
Tot ce e mai bun în lume
Fără rele, doară bune.

Nu mă plâng că n-am nimic
Ba din contră, sunt voinic
Am sufletul împăcat
Şi la trup sunt om curat.

Nu îţi cer nimic mai mult
Câte zile-s pe pământ
Căci eu viaţa de apoi
Vreau să mi-o petrec cu Voi.

Mă trezesc, ce vis frumos
Eu nu eram păcătos
Dar în crunta realitate
Sărac sunt şi-am şi păcate.

Am plâns

Am plâns cu lacrimi grele şi amare
Şi cerul tot m-a însoţit
Norii-au trosnit cu glas de tobe goale
Şi tot din ei s-au scurs lacrimi de-argint.

Am tremurat, iar trupul meu cel moale
S-a prăpădit pe-al tău mormânt pietrit
Eu am simţit cum inima mă doare
Şi mi-am dorit să am şi eu sfârşit.

Copacii şi-au plecat crengile ude
Şi vîntul a suflat neobosit
În jurul meu dansau mii umbre mute
Fără ca eu să pot să le ating.

Eu am simţit cum sufletul din mine
M-a părăsit şi nu a mai venit
Tu ai plecat, iar eu fără de tine
Sunt ca o zi fără de răsărit.

Trăiesc în lume dar nu mai am simţire
Sunt viu şi mort, eu sunt doară trecut
Am trupul gol şi nu mai am iubire
Dar nu mai pot s-o iau de la-nceput.

De alegeri

Cine bate oare-n poartă?
E primarul care iată
În an nou electoral
A venit la cerșit iar.

Ai venit din nou primare
Să te dai mare și tare
C-ai făcut, c-ai realizat...
Totu-i un mare rahat!

De ce vrei să te alinți
De ce tu din nou ne minți
Că ai vrut dar n-ai putut
Dar c-o să încerci mai mult?

Ai venit la poarta mare
Să-mi prezinți electoral
Din cap și până-n picioare
Programul tău cincinal?

Dar de unde mă cunoști
Dumneata pe mine oare?
Crezi că-s bou? Mă crezi chiar prost
Să te-aleg în continuare?

Cam de mult nu te-am văzut
Să fie vre-o...cinci ani oare?
De la ultimul miting
Ce-ai ținut în piața mare!

Am crezut că ai murit
Imediat ce te-au numit
Pentru că de-atunci nimic
N-ai făcut... măcar un pic.

Văd bine...te-au sechestrat
În birou te-au ferecat
Iar acum te-au liberat
Să cauți un nou mandat.

De ce din nou te-om alege?
N-ai făcut nimic din lege
Dar de cînd te-au sechestrat...
Te-ai făcut tare bogat!

Cred că tare-ai suferit
În birou mult ai dormit
Secretara tinerică
Te mângîia pe burtică.

Iar maşina cea bengoasă
Cu şofer venea acasă
Să te ia şi să te ducă
La club, că aveai de muncă!

Acolo te întâlneai
Cu *baroni* şi rezolvai
Problemele comunale
Încadrat de fete goale.

N-aveau bani nici pentru haine
Unele, erau chiar doamne
Pe care apoi le-am văzut
În posturi greu de ţintit!

Tare rău ai suferit
Tare rău te-ai chinuit
În postul tău de primar
Şi secretar general.

Te *sacrifici* pentru noi
Dară oamenii cei răi
Vor să-ți ia ei postu-n care
Se muncește așa de tare.

De ce oare vor să fie
Toți primari la primărie?
Ei nu știu căci cîteodată
Nu ai mamă, nu ai tată...

Nu ai frați, nu ai surori
Și muncești de noaptea-n zori
Ne rezolvi problemele
Și ne-alini durerile?

La noi toți domnul primar
Ai umplut al nost' hambar
Drumurile-ai asfaltat
Și prin sat este curat...

Avem toți pîine pe masă
Primăria e frumoasă
Iară barul ce-i în sat
Ne dă doar whisky curat!

Bătrînii sunt îngrijiți
Copii ne sunt școliți
Nu-s probleme, căci în sat
Primarul s-a ocupat!

Te votăm domnul primar
Pentr-un mandat milenar
Atunci când porcii-or zbura
Peste cap la dumneata!

Iară ăl care-o veni
Tare mult s-o chinui
Căci problemele în sat
Sunt...și nu s-au rezolvat.

Doar de-l cunoşti pe primar
Poţi să speri să ai în dar
Semnătura cea dorită
Pe hîrtie iscălită.

De nu, o să stai matale...
Cincinale, cincinale...
Pînă cînd acolo sus
Primarul ce vrei tu-i pus.

Gata deci cu gălăgia
Ţi-ai făcut azi datoria
Să-mi prezinţi programul care
Vei face în cincinale.

De-ai ieşi din nou primar
Cinci ani...nu te-oi vedea iar
C-o să fii tare ocupat
Să te faci şi mai bogat.

Îţi doresc primare ţie
De cinci ori ce-mi doreşti mie
Iară votul îl voi da
Celui ce va merita!

Autorul, subsemnat
Roagă să fie iertat
De primarii comunali
Care sunt oameni normali.

De se simte cineva
Rănit de poezia mea
Atunci...are de lucrat
Multe lucruri de-ndreptat.

Gândăcelul

Paşi doi grei se-aud în noapte
Vin de undeva grăbiţi
Şi se-ndreaptă spre departe
Sunt desculţi şi sunt răniţi.

Lasă-n urmă stropi de sânge
Roşu aprins neterminat
Şi ridică sus spre ceruri
Praf de drum, pământ uscat.

Despărţitu-s-au de mine
Nu-i mai văd, nu-i mai aud
Toate acuma iară-s bune
Şi mă bag sub aşternut.

Aşternut de crengi şi frunze
De licheni şi de ferigi
Ce sunt verzi, umede, blânde
Fără ţepi şi fără spini.

Sunt un gândăcel, n-am nume
Nu am fraţi, nu am surori
Şi-mi trăiesc viaţa în umbre
Cu teamă de prădători.

Dară iată, dintr-odată
Paşi pe drum se-ntrezăresc
Şi cu ei, inima-mi toată
Şi-al meu trup se îngrozesc.

Data asta a fost bine
Am scăpat nevătămat
Cine ştie dacă mâine
Mai trăiesc sau...sunt călcat.

Trop, trop, trop

Într-o zi de dimineață
Un măgar s-a dus la piață
Trop, trop, trop și trop, trop, trop
Nu-i stau picioarele-n loc.
Cum mergea el liniștit
Un căluț el a-ntâlnit
Trop, trop, trop și trop, trop, trop
Căluțul...mergea pe loc.
Măgărușul l-a privit
Căci era nedumerit
De ce oare el căluțul
Trop, trop, trop, pe loc drăguțul?
Își făcu curaj micuțul
Și-atunci întrebă căluțul:
De ce calule trop, trop
De pe loc nu miști deloc?
Eu sunt mânz, nu-s cal deloc
Și pe loc eu mișc trop, trop
Căci pe loc nu vreau să stau
Socoteal' la nimeni dau
Dară ție o să-ți zic
Pentru că îmi pari voinic.
Uite așa eu mă gândi
Că trop, trop, de eu aș ști
Să fac bine și frumos
Tatăl meu va fi fălos
El cu mine s-o mândri
La căruță m-o primi
Căci acuma zice el
Eu sunt încă mititel.
Iar eu cred în sinea mea
Că trop, trop, de voi făcea
Forță multă voi avea

De căruță voi putea
Tare, tare, a trăgea.
De aceea, eu pe loc
Mult mă antrenez cu foc
Repede gata a fi
Ca să îi plimb pe copii.
Măgărușul, minunat
Pe căluț la-ncurajat
Trop, trop, trop, s-a-ndepărtat
Și-al lui drum a continuat.
Deci copii, nu vă lăsați
De la mânz exemplu luați
Îndemnați ai voștri frați
Împreună exersați
De e greu, nu vă-ntristați
Ușor să n-abandonați.
De vreți voi mai buni a fi
Nu faceți economii
La efort și la știință
La răbdare și credință.
Voi de astea respectați
Note bune o să luați
Numai bune o să aflați
Și la școală
Și în viață
Voi veți fi mereu în față.

Floare galbenă-n culoare

Simt mirosul umbrei tale
Și te văd cum pierzi petale
Floare galbenă-n culoare
Plină de mărgăritare.

Razele ce vin din soare
Te-ncălzesc încet sau tare
Strigi încet în gura mare
Floare galbenă-n culoare.

Viața-ți este trecătoare
Floare galbenă-n culoare
Gândurile-ți sunt amare
Vii, trăiești, te pierzi în zare.

Am fost prost

M-ai crescut un an de zile
Şi m-ai omorât în chin
N-am putut să dau de ştire
Nici la fraţi, nici la vecini.

Când pe lume-am deschis ochii
În coteţ eram vre-o trei
Dar pe doi din ai mei fraţi
I-ai vândut pe câţiva lei.

Pot să zic că mi-a fost bine
Am mâncat cât am putut
Şi am pus carne pe mine
De la două sute-n sus.

Doar târziu mi-am dat eu seama
Că erau toate cu rost
Nu-mi dădeai nimic degeaba
Am fost prost. Vai ce mai prost!

Nu erai al meu prieten
Chiar de mă mai mângâiai
Îmi pusesei chiar şi nume
Georgică, aşa-mi spuneai.

Eu mâncam ca nehalitul
Şi-n noroi mă bălăceam
Alergam pe pajişti multe
Şi-aveam tot ce îmi doream.

Dară într-o dimineață
Te-am văzut cum pregăteai
Un cuțit și-o masă-ntinsă
Ca pe mine să mă tai.

Cu ce oare eu vreodată
Ți-am greșit așa de mult
Să merit o așa soartă
Răpus să fiu de stăpân?

Eu te iert, atâtea zile
Am avut, a fost puțin
Dar să știi stăpâne bune
Am murit în mare chin.

Sper să-ți iasă toate bune
Tobă, lebăr, trandafiri
Și să-ți amintești de mine
Căci ce-am fost un porc gentil.

Plâns de mamă

Stă bătrâna-n pragul porții
Plânge tinerii și morții
Unii-s duși, poate-or să vină
Alții duși s-acum țărână.

Ăi mai tineri sunt la luptă
Să-și apere țara sfântă
Ăi bătrâni ei sus sunt duși
A Domnului sunt supuși.

Plânge maica al ei prunc
Un copil frumos și blând
El soldat s-a dus să moară
Sufletul și-l dă la țară.

Plânge maica pe-ăl bătrân
Fost-a soț și tată bun
Fost-a el ostaș vânjos
Domnul l-o-ntors sănătos.

Dară pruncul ei acum
Este carne pentru tun
Vai, război nenorocit
De ce oare ai venit?

Lacrimile-ți curg amar
Udă tot al tău ștergar
Părul maică ți-a albit
De atâta mult bocit.

Cu genunchiul aplecat
Sufletul la cer urcat
Iară rugăciunea-ți multă
Vrei ca Domnul s-o audă:

Doamne, Doamne fie-Ţi milă
Ai grijă de-a mea prăsilă
Şi adu-l nevătămat
Acas' de unde-a plecat.

Ia-mă pe mine de vrei
Dar adu-mi al meu holtei
Nu-l lăsa târât pe jos
Să-l calce tancul cel gros.

Nu lăsa să fie arat
Nici să fie spânzurat
Nu-l abandona-n pustiu
Fără cruce, al meu fiu.

Doamne Domn, te rog frumos
Adu-l Doamne sănătos
Să-l mai strâng odat' la brâu
Şi în braţe să-l mai ţiu!

Plânge buna, plânge, plânge
Dorul ei nimeni nu-l stinge
De cu zori până-n-serat
Printre plâns, mai e şi-oftat.

Eu cu tine suntem doi

Rătăcim printre morminte
Eu cu tine suntem doi
Calzi la trup dar reci la minte
Rătăciți suntem și goi.

Nu avem nimic pe lume
Nu avem nici nume noi
Suntem doi, străini de lume
Tu cu mine suntem doi.

Morții-s morți în gropi reci, ude
Învelite-n frunze noi
Ce-au căzut din pomi de fructe
Eu cu tine suntem doi.

Crucile din piatră seacă
Leagă pământul de cer
Tu cu mine suntem doi
Totu-n jur este mister.

Ploaia a-nceput deodată
Și ne udă pe-amândoi
Eu și tu și valea moartă
Eu cu tine suntem doi.

Sfântul Policarp

Te-ai născut în temniță întunecată
Din părinți creștini ce mort-au mucenici
Iar Calista, creștină, bătrână și bogată
Te-a crescut înconjurat de flori de trandafiri.

Ai avut un nume cu-al tău tată
Dar Policarp sau *mult roditor* te-au botezat
Căci de mic, tu viață luminată
Ai trăit, iară pe Domnul în veci tu nu L-ai abandonat.

Fost-ai preot dar fost-ai și episcop
Iară pe Sfântul Apostol Ioan tu l-ai urmat
Ai vindecat bolnavi și ai hrănit mulțime
Dar și pe diavoli cu mare ușurinț-ai alungat.

De Domnul Dumnezeu viziune ți-a fost dată
Să vezi cu zile, trei, căci te vor omorî
Dar mila ta este imensă și curată
Și pe ai tăi călăi la masă ai ospețit.

Te-ai mai rugat vreo două ore
Când au venit oștenii a te lua
Ai pomenit pe toți ce-ai întâlnit vreodată
De-s mari sau mici, și pentru lumea ta.

Pe drumul spre cetate, de tine se rugară
Să-L lepezi pe Hristos, de nu cu sufletul, măcar cu vorba
Dar nu ai vrut, căci toată viața, toată
Pe Domnul ai urmat și nu Îl vei lăsa.

În sâmbăta cea mare, iudeii răi din fire
Lemne și vreascuri grămad-au adunat
Nu mai ținură cont că-i sâmbătă, și nu-i în a lor fire
Să facă altceva decât a se ruga.

Nepironit ai vrut şi gândul sus la ceruri
Ai înălţat tu rugă la bunul Dumnezeu
Ia-i mulţumit şi te-ai făcut tu jertfă
L-ai lăudat şi preamărit pe Dumnezeu, pe Tatăl tău.

Dar când ai zis *amin,* focul din jur nu arsă
Ci ca un cerc umflat în juru-ţi a rămas
Atunci, străjerul, cu lancea-i cea de piatră
În coaste te-a străpuns şi sângele s-a revărsat pe ars.

Focul s-a stins cu sânge, ce miracol!
Dar nici atunci creştinii n-au putut
Să-l ia şi să-l îngroape, ţărână în ţărână
Căci ei l-au luat şi scrum tot l-au făcut.

Doară puţin ce-a mai rămas din oase
Mult mai cinstite decât odoarele cele de preţ
Le-au strâns cu milă şi le au transformat în moaşte
Căci Sfânt si fost tu Policarp şi drept.

Cu sufletu-ţi curat şi mintea luminată
Ai fost oştean al Domnului Hristos
Iar Sfinte Policarp, în viaţa cea cerească
Un loc ţi-ai câştigat, dar nu l-ai cumpărat cu bani.

Ajută-ne pe toţi să fim şi noi ca tine
Poate nu chiar la fel, măcar de-ar fi puţin
Să fim curaţi la trup şi mintea sus urcată
Şi rugăciuni să înălţăm la Sfinţi şi Serafimi.

Plutesc şi zbor

Privesc spre zări tăcute, spre bolta înstelată
Un foşnet vine iute, dar se topeşte îndată
O forţă mă ridică, spre cerul încărcat
Simt că plutesc cu aripi pe cerul luminat.

Respir din aerul turbat şi plin de nesimţire
Cad stelele din cer, fărâme de iubire
Ca licuricii-n zbor, lumina lor călâie
Se stinge, apare iar, se stinge, vine vie.

Mă contopesc cu norii şi-adulmec în trecut
Zăresc pe cer istorii trecute de demult
Zbor liber, fără teamă, iar gându-mi pleacă, vine
Apuc o stea şi-n palmă luceşte a iubire.

O boare de lumină cu iz de Dumnezeu
Loveşte în surdină direct în pieptul meu
Mă umplu de plăcere iar sufletu-mi curat
Rămâne făr' păcate, cum el a fost creat.

Revoluția furată

A fost în '89
În secolul trecut
O zi rece de iarnă
Când totul a început...

Istoria s-a scris
Cu sânge de eroi
Cu steagul găurit
Ați mers printre călăi.

Pentru a noastră libertate
Eroi, voi sufletul v-ați dat
De gloanțe secerați
La Domnul ați plecat.

Cu ale voastre trupuri
Pe străzi au măturat
Și-al vostru sânge sfânt
Zăpada a pătat.

De *teroriști* răpuși
La Revoluția română
La Revoluția furată
De oameni fără milă.

Eroi, voi ați căzut
Și sângele v-ați dat
Voi toți chiar ați crezut
Căci comunismul a picat.

Toți fură, nu le-ajunge
Și mint la nesfârșit
Deșteaptă-te române!
Căci nu-i totul sfârșit.

Eroii să-i cinstim
Nu trebuie uitați
Mereu să-i pomenim
În slăvi fie urcați.

Primește-i Doamne, Tu
Acolo între Sfinți
Au fost bunici și tați
Și mame dar și prunci.

Într-o zi rece de iarnă
Acuma zeci de ani
Eroi voi v-ați făcut
Când totul a-nceput...

Magazin de jucării

În lumini viu colorate
Zi şi noapte îmi petrec
Ca mine mai sunt vre-o şapte
Sute, ca să spun mai drept.

Ori cu mîini, ori cu picioare
Ori avem motor *deştept*
Suntem gata sau...mai tare
Fă-ne tu, copil isteţ!

Suntem unele în piese
Din carton, tăiate drept
Sau puţin mai ondulate
În franceză-i zici *casse-tête*.

Copiii se minunează
Când pe noi toate ne văd
Iar părinţii lung oftează
Casa-i plină peste tot!

Vreau şi asta, vreau şi asta
Mamă, cumpără-mi te rog!
Iară mama-nduioşată
Scoate bani de peste tot.

Ce nu fac părinţii voştri
Pentru voi prinţese, prinţi
Dar şi voi la rândul vostru
Trebuie să fiţi cuminţi!

Cum v-aţi dat cred seama bine
Suntem toate jucării
Şi-n magazin adunate
V-aşteptăm pe voi, copii!

Să veniţi cu mic, cu mare
Şi cu noi să vă jucaţi
Iar când nu ne mai doriţi
La alţi copii să ne daţi.

Pentru că nu toţi copiii
Au norocul de-a avea
Jucăriile dorite
Şi tare s-ar bucura.

Iară nouă mult ne place
Să ne jucăm cu copii
Şi nu vrem să fim ostateci
Pe vre-un raft sau prin cutii.

Iară seara, la culcare
Când în braţe strâns ne ţineţi
Vă păzim ca nişte fraţi
Să puteţi dormi mai bine.

Somn uşor, vise plăcute
Amintiri de neuitat
Am avut în ziua lungă
Dar şi noaptea stând în pat.

Mi-e dor să-mi fie dor

Mi-e dor să-mi fie dor
Să pot să te respir
Să te ating uşor
Cu un gest blând, sublim.

Mi-e dor să-mi fie dor
De gândurile tale
De şoapte ce-mi scriai
Pe nori, cu raze de la soare.

Mi-e dor să-mi fie dor
De sărutări turbate
Ce-mi dăruiai intens
Sub stele luminate.

Mi-e dor să-mi fie dor
De lacrimile goale
Ce crude se scurgeau
Urmând aceeaşi cale.

Mi-e dor să-mi fie dor
De râsul tău în ploaie
Când cu ochii spre cer
Cântai, erai frumoasă şi vioaie.

Mi-e dor să-mi fie dor
Iar gându-mi pleacă, vine
Aleargă în pustiu
Mi-e dor să fiu cu tine.

Poezie mută

E poezie mută
E mută, nu tăcută.

O poezie vie
Aşez eu pe hârtie
O poezie nouă
Împărtăşesc eu vouă.

Cuvinte aşezate
Pe rânduri ordonate
Au sens, sunt aranjate
De parc-ar fi pictate.

Cuvânt după cuvânt
Se face rând cu rând
În fraze se transformă
Şi prind o altă formă.

Apare-o poezie
Ce-n valuri urcă vie
Şi susură duios
Ce vers melodios.

Tot gândul ni-l transformă
Şi ia o altă formă
Un gând ascuns în dos
Frumos, plăcut, duios.

E poezie mută
E mută, nu tăcută.

Un prunc și-o mamă

O mamă tânără și tristă
La capul pruncului stătea
În mâna ei ținea cu grijă o batistă
Și lacrimi ce pe fața lui curgeau, ștergea.

Și-ar fi dorit cu orice preț pe lume
Durerea lui să poată să i-o ia
Să fie și al ei copil cum alții sunt pe lume
Să râdă și să zburde, de mână să o ia.

Cu inima cât pumnul, neputincioasă ea
La Domnul Dumnezeu ruga ei își urca:
Ajută-ne Tu, Doamne, ajută-l pe copil
Să fie sănătos, termină al lui chin.

Secundele par ore, iar orele n-au fin
Mama-și sărută pruncul, ce viață, ce destin...
Răpusă de durere, de lacrimi, de suspin
Adoarme lângă trupul cel mic și cald, blajin.

Dar dintr-odată simte pe cap o mângâiere
Și-un glas cu forță multă și fără de durere.
Speriată se îndreptă, ce oare s-a întâmplat?
De ce am adormit? Se întreabă cu păcat...

Privirea și-o îndreaptă spre pruncul ce-i trezit
Și ochii lor în lacrimi atunci s-au întâlnit.
Copile, dragul mamei, la viață te-ai trezit?
Un zâmbet copilașul, mamei i-a dăruit.

În timpul cât măicuța a adormit buştean
Un înger luminos s-a furişat pe geam
Iar de la Domnul voie, putere a avut
Să-l facă pe copil din nou ca la-nceput.

Moş Crăciun

Moşule, bine-ai venit!
Căci de când te aşteptăm
Barba albă ţi-a crescut
Şi mustăţile la fel.

Ce-ai făcut? Pe unde-ai fost?
Pe la noi n-ai mai venit
Noi, copiii ne-ntrebăm
Unde oare ai dormit?

Ai mâncat? Ţi-e frig? Ţi-e sete?
Vrei...o ţuică la măsea?
Moşule, mă uit la ghete
Nu prea le-ai dat cu *vopsea*!

Eşti bătrân, nu mai vezi bine
Ai *arici* în buzunar
Moşule, deschide sacul
Dă-le la copii un dar!

Jucării, hăinuţe multe
Maşinuţe şi păpuşi
Moşule, mai ţii tu minte
Când eram noi bebeluşi?

Am crescut, am fost cuminţi
Note bune avem la şcoală
Dar întreabă-i pe părinţi
Merită cadou diseară?

Ce mai tura-vura-ncolo
Vorbe multe fără rost
Să ştii Moşule tu bine
Tare dor de tin' ne-a fost!

Noi, copiii aici cu tine
Vrem întâi să-ți mulțumim
La mulți ani și numai bine
Și să știi că te iubim!

A crede sau a nu crede

Nu cred în lacrimi
De nu sunt de iubire.
Nu cred în lacrimi
Fără de sentiment.
Nu cred în lacrimi
De nu-s de fericire.
Nu cred în lacrimi
Nescrise de-un poet.
Nu cred în lacrimi
De crocodil în devenire.
Nu cred în lacrimi
De-s reci și seci și-atât.
Nu cred în lacrimi
Ce-s apărute peste noapte.
Nu cred în lacrimi
Nici vorbe spuse-n vânt.
Nu cred în lacrimi
Vărsate ca la teatru.
Nu cred în lacrimi
Pătate de cuvânt.
Nu cred în lacrimi
De înșelați noi suntem.
Nu cred în lacrimi
Când sfântul nu e sfânt.

În lacrimi cred
Când sunt de fericire.
În lacrimi cred
Când sunt cu sentiment.
În lacrimi cred
Când vin şi cu iubire.
În lacrimi cred
De-s scrise de-un poet.
În lacrimi cred
De un copil le varsă.
În lacrimi cred
De jale şi de dor.
În lacrimi cred
Când vin de la inimă.
În lacrimi cred
Când sufletele mor.
În lacrimi cred
De mama pruncul pierde.
În lacrimi cred
Când este mult respect.
În lacrimi cred
De înşelaţi nu suntem.
În lacrimi cred
Când dreptul este drept.

Sclavii banului

Suferim de boli străine
De ne pasă ori de nu
Cînd vedem că-n astă lume
Rău-i rău şi bunul nu-i.

Stângul, dreptul, înainte
Marş forţat înaintăm
Spre o lume fără minte
Unde banul este domn.

Vai de noi şi vai de-aceia
Ce sunt sclavi doar pentru ban
Oare ştiu că banul-cela
Este cel mai rău duşman?

Rupe fratele de soră
Pe bunici de-ai lor copii
Şi acel ce-i cântă-n horă
Vai de soarta lui va fi.

Regina Iarnă

În zilele când frunzele îşi părăsesc copacii
Şi ramurile goale bătute sunt de vânt
Regina Iarnă îşi trimite solii
S-anunţe reîntoarcerea ei pe pământ.

Cînd puii-s mari şi-şi lasă trişti părinţii
În cuiburile pământeşti
Iarna geroasă îşi arată dinţii
Şi bate cu îndârjire la fereşti.

Atunci când apa lacului îngheaţă
Ea temniţă devine pentru peşti
Mărita Iarnă iese-n faţă
Şi se apucă de poveşti.

Peste păduri zăpada îşi întinde
Sublima Iarnă e artist, pictează
În alb copacii, fără umbre
Pe rând pe toţi îi colorează.

Tu eşti Regină, eşti mărită şi geroasă
Dar să nu crezi că eşti fără sfârşit
Căci într-o zi, Prinţesa Primăvară
Ea va veni şi te va izgoni.

Melcul

Tot pe drum cu casa-n spate
Urcă dealul jumătate
Chiar de e grăbit să meargă
Tot încet urcă degrabă.

El nu poate viața întreagă
Serios de-ar fi sau şagă
Casa să o lase-n stradă
Şi să plece, frate dragă.

De aceea, resemnat
Casa lui a transformat
Într-un palat minunat
Şi se crede împărat.

Când el vrea, se odihneşte
Când vrea să plece, porneşte
Zi sau noapte, nu contează
Casa îl acompaniază.

Este-un melc, da, aţi ghicit
Nu e mare dar nici mic
Nu este la mers grăbit
Dar e tare fericit.

Lupul şi Scufiţa Roşie

Notă: A=Autorul   L=Lupul   S=Scufiţa Roşie

A:
Într-o zi, demult în urmă
Un bătrân îmi povestea
O întâmplare cu un lup
Ce rău tare suferea.

A:
În pădure printre brazi
Stă pitit în umbra deasă
Gândul lui este plecat
La o masă copioasă:

L:
Mmmm!... Cărniţă, cu legume
Un mieluţ bun la grătar
Din stomac îi ies doar vorbe:
Nu mă ţine atât pe jar!

A:
Tu visezi doară, lupică
Bunătăţi coapte-n cuptor
Ai mânca şi o bunică!
La stomac îi eşti dator

A:
Ia mai bine pune laba
Şi vânează tu ceva
Căci visatul dumitale
Burta nu ţi-o va umplea!

A:
Dară forțe nu mai are
Să vâneze el nimic
La stomacu-nfometat
Să-i dea a roade un pic.

A:
Dar cum stătea el așa
O fetiță iată vine...
L:
Dă-mi te rog să mânc ceva
Că de nu...te mânc pe tine!

A:
Vorbele el le rosti
La Scufița Roșioară
Dară fata îl privi
Și îi zise într-o doară:

S:
Lupule, nu fi fălos
Cum te văd eu pe matale
Gura-i mare, dară-n dos
E stomacul dumitale!

L:
O! Scufiță, tu, mă iartă!
Zise lupul mielușel
Nu pot să mă schimb căci iată
Eu sunt lup, așa-s de fel!

S:
Stai în banca ta lupică
De, mâncare eu ți-oi da
Dar de-o mănînci pe bunică
Va fi vai de pielea ta!

L:
Pe bunică n-oi mânca-o
Chiar de tare mi-ar plăcea
De aceea dute-n grabă
Adu-mi să mănînc ceva!

L:
Eu mă pun sub pomu' acesta
Şi mă culc, poate-oi uita
Până te întorci Scufiţă...
Mă gândesc la altceva.

A:
Trecu una, ba nu, două
Orele se scurg încet
Iar Scufiţa din pădure
N-apare pe drumul drept.

A:
Mort de foame şi de sete
Şi sătul de-atât dormit
Lupul ar mânca şi pietre
De nu ar fi lup cinstit.

A:
Gându-i sorcova se dusă
La bunica se gândi
Ar mânca-o, dar i-e frică
De-a lui piele milă îi.

A:
Când deodată, din pădure
Zgomote el auzii
Îşi ciuli urechea bine
Iar cu ochii mari privi.

A:
A vazut el două umbre
Mai departe prin tufiş
Erau doi mici pui de-arici
Ce săreau prin lăstăriş.

L:
Of! Ce i-aş mânca eu pe-ăştia
Se gândi în sinea lui
Dar cu acele din spate
Pielea mea vor ciopârţii.

L:
Nu-i nimica de făcut
Voi muri aici de foame
Doar la lună pot să cânt
Poate plouă cu banane!

A:
Cum speranţa îşi pierduse
Că nimic se va-ntâmpla
Capul pe lăbuţe-şi puse
Continuând a aştcpta...

A:
Dară iată, dintr-odată
Lângă el bine încărcată
Cu bucate înmiresmate
O fetiţă îl privea.

L:
Tu, Scufiţă! Ai venit!
A:
Zise lupul fără vlagă.
L :
Ori eu mult tare-am dormit
Ori te-aştept de-o viaţă întreagă!

S:
E ceva de când cu tine
Stau aici şi te privesc
Ai dormit lupule bine
Dar este ceva firesc.

S:

Hai, ridică-te-n picioare
Vino aicea ca să vezi
Ţi-am adus carne, sarmale
Şi legume de-alea verzi.

S:

E salată, e şi ceapă
Şi ardei şi usturoi...
Dară lupul nu aşteaptă
Şi Scufiţei zice: Stai!

L:

Mulţumesc eu mult Scufiţă
De mâncarea ce-ai adus
Dar legumele din traistă
Parcă pentru mine...nu-s!

S:

Ei!... Acuma tu faci nazuri?
Să mănânci tot ce-i aici
De nu, data viitoare
Tu o să mănânci furnici!

L:

Bine, bine măi Scufiţă
Voi mânca tot ce mi-oi da
Dar de felu' întâi să fie
Toată carnea şi-o sarma!

L:

Iar legumele, pe urmă
Le-oi mânca...de-oi mai putea
Iar de nu, le pun deoparte
Pentru mâine a le avea.

S:

Nu! Ascultă-mă tu bine!
Vei mânca aşa şi aşa
Jumătate e cărniţă
Jumătate altceva.

A:

Nu mai stă el mult de vorbă
Cu Scufița nu putea
El a trebuit s-o asculte
Și-a început repede a mânca.

A:

Lua și carne și legume
Și sarmale și budinci
Toate erau tare bune
Dispăreau de zici că-s cinci.

A:

A mâncat pe săturate
Prima dată în mult timp
Lupul se lingea pe coate
Pe mustață și botic.

S:

De acum încolo neică
Pe bunica să o lași
Și-n pădurea asta mare
Să mănânci doar iepurași.

L:

Așa o să fac Scufiță
Îți promit că n-o atac
Și la a ta bunicuță
Nu o să-i vin eu de hac!

A:

Ei prieteni buni rămasă
Și mereu când se-ntâlneau
Amândoi stăteau la masă
Și mâncau tot ce aveau.

A:

Asta e povestea noastră
Sper că vouă v-a plăcut
Iară data viitoare
Un cântec am să vă cânt.

Sfânta Glicheria

Ai fost mireasă a lui Iisus
Tu, Sfântă Glicheria
Și-n viața ta nu ai ascuns
Că ai slăvit-o pe Maria.

Pe vremea când domnea Antonin
Păgân conducător
O mână mică de creștini
Slăveau pe Domnul Domn.

În Trianopol se rugau
Cu lacrimi de iubire
În slăvi pe Domnul ridicau
Trăind în fericire.

Dar într-o zi era-n popor
O mare prăznuire
La zeul Die ce al lor
Era lumină vie.

Atunci Glicheria, tu, fică
A lui Macarie antipul
Orfană, singură sub cer
Nu ai crezut în zeu.

La toți ai spus că Împărat
Este Iisus, doar unul
Pe frunte cruce ți-ai pictat
Să știe ighemonul.

În fața lui atunci ai stat
Să-i spui tu adevărul
Și rugăciune ai cântat
La Domnul Dumnezeu.

Pe frunte ai a ta făclie
Ce scrisă-i cu lumină
Nestinsă, veşnică şi vie
De Dumnezeu aprinsă.

La Dumnezeu ai ridicat
Tu mâinile şi ochii
Şi rugă multă ai urcat
Până s-au spart toţi zeii.

Dară păgânii neştiind
Puterea cea divină
La Sfânta, *vrăjitoare* au zis
Şi au lipsit-o de lumină.

Păzit-ai fost cu mulţi străjeri
Să nu faci tu vrăjie
Să nu înşeli oamenii demni
Doritori de trezie.

A doua zi, la răsărit
Venit-a ighemonul
Crezând că temniţa te-a făcut
Să lepezi tu pe Domnul.

Nu pot ca să mă plec cuiva
Din piatră ce se sfarmă
Prefer să mor de mâna ta
Decât pe suflet să am rană.

Atunci de păr a poruncit
S-o spânzure pe Sfânta
Călăii trupul ei firav, muncit
Au torturat la dânsa.

Dar tu strigai: Nu simt nimic!
Hristos cel Sfânt m-ajută
Atunci călăii încâinaţi
Distrus-au faţa-i sfântă.

Privirea sus, spre cer ai înălţat
Stăpâne, Tu, mă iartă
Şi întăreşte roaba Ta
Să poată-Ţi fi mireasă.

În temniţă din nou au încuiat-o
Cu foamea s-o muncească
Dar îngerul din cer i-a dat
Mâncare pământească.

Văzând că nu au reuşit
Credinţa să i-o schimbe
Spre Eraclia au pornit
Pe ea s-o ardă vie.

Dară creştinii-au auzit
De Sfânta muceniţă
De multe câte-a pătimit
Pentru a sa credinţă.

Întâmpinat-o-au mii şi mii
Episcopul în frunte
Cu rugăciuni la Dumnezeu
Şi lacrimi multe, sfinte.

Iar ziua de apoi au dus
Pe ea la judecată
Cuvânt de urmă cu răspuns
Au vrut pe loc, îndată.

Ori tu te lepezi de Iisus
Şi crezi în zeul Die
Ori dacă nu-n, cuptoru-ncins
Vei fi o torţă vie.

Eu cu Hristos-ul m-am unit
În legea adevărată
Ce este da, e da, e scris
Ce nu, se sfarmă ca o piatră.

De moarte voi mie-mi veți da
Eu viața cea cerească
Acum și-n veci de veci o voi avea
Și lui Hristos voi fi mireasă.

Cuptorul au încins și înăuntru-au aruncat
Pe Sfânta Glicheria
Dar ea cu cruci s-a îngrădit
Slăvind pe Tatăl, Duhul Sfânt și pe Iisus, Mesia.

O rouă blândă-n jurul ei
S-a coborât din ceruri
Văpaia focului a stins
Ea, gândul sus la Domnul.

Vrăjitorie-au socotit
Puterea ei cerească
Și de pe cap au poruncit
Pielea să-i jupuiască.

Dar ea, cu gândul la Hristos
Striga, striga-n putere
Ajută-mă să Te cunosc
Pe tine și-ale Tale.

Simțind că e batjocorit
Sabin, el, ighemonul
În temniță a poruncit
S-o închidă, dară credința ei, lui îi lua somnul.

La miez de noapte, cu aripile întinse
Un înger alb din cer a coborât
A dezlegat pe Sfânta dintre noduri
Și pielea cea rănită a tămăduit.

Un păzitor venit-a să o scoată
A doua zi la răsărit
Dar a văzut-o întreagă, luminoasă toată
Și n-a știut că-i ea și mult s-a îngrozit.

Miluieşte-mă pe mine, zis-a el
Nu vreau să mor
Cred în Dumnezeu ce ţie
Îţi ajută cu mult spor.

Sfânta îl privi cu milă
Şi îi spuse: Tu, de vrei
Pe Hristos vin de-L urmează
Mântuit vei fi de El!

Laodichie, atuncea
S-a legat cu nodul ei
Şi s-au dus la ighemonul
El şi ea şi Domnul, trei.

Unde este cea legată
Ce ţi s-a încredinţat?
Este ea, e vie toată
Dumnezeu prin înger a lucrat!

Eu, văzând minuni cu ochii
Cred în Domnul Dumnezeu
Şi vroiesc şi eu cu dânsa
Să salvez sufletul meu.

Ighemonul foc şi fulger
A zis mânios: Pe el,
Să-l tăieţi şi să vedem
De-o veni Hristos la fel!

Capul i-au tăiat cu barda
Când la Domnul se ruga
Iar creştinii pe ascuns
Trupul lui au îngropat.

Să ne spui şi nouă dară
Ighemonul întrebă
Cine îţi ajută ţie
Hristos însusi? Da ori ba?

Hristos e Mântuitorul
La ce e şi nu-i văzut
El e Dumnezeu şi Domnul
Fără de-nceput şi fără de sfârşit.

El în temniţa soioasă
Rănile mi-a vindecat
Legăturile la mâini
Tot El mi le-a dezlegat.

Îmi ajută zi şi noapte
În astă viaţă şi-n viaţa de apoi
Eu îl rog, îmi dă de toate
Fii şi tu creştin ca noi.

Cu răbdarea terminată
Ighemonu-a poruncit
Să o dea la fiare hrană
Să termine de vorbit.

Capul sus, pieptul-nainte
Cu gândul la Dumnezeu
A intrat între leoaice
Dar nimic nu a fost rău.

Rugă ea urcă la ceruri
Între fiare când stătea :
Pe cel rău îl pedepseşte
După cum e voia Ta.

Iar pe mine mă primeşte
Dă-mi cununa Ta de sus
Şi în cer îmi primeneşte
Un loc între Sfinţii Tăi.

Dintr-odată glas din ceruri
I-a răspuns: Te-am ascultat
Vino dar şi Mă-ntâlneşte
Pace ţie îţi voi da.

O leoaică a mușcat-o
Dară semn nu i-a făcut
Iară sufletu-i curat
Sus la cer s-a petrecut.

În cumplită boală rară
Ighemonul a sfârșit
Și-a dat duhul, până seară
Casa lui n-a mai găsit.

Trupul Sfintei mucenițe
De episcop a fost luat
Și-a fost îngropat cu cinste
La un loc frumos, curat.

Aproape de Eraclia
Cetate din Tracia
Glicheria se-odihnește
Izvorăște mir din ea.

Rugăciune și închinare
Noi la Domnul să urcăm
Iar pe Sfânta Glicheria
Ca exemplu s-o avem.

Nu e azi la fel ca mâine

Trăieşte-ţi viaţa române
Nu e azi la fel ca mâine
Iar de ieri nu ţi-a fost bine
Nu te gândi la poimâine.

Ia, trăieşte astăzi bine
Căci nu ştii moartea când vine
Nu te ocupa de mâine
Tu nu ştii de-oi fi pe lume.

Ce-a fost ieri s-a dus, dar mâine
De-oi ajunge fă doar bine
Dă o bucată de pâine
Să-şi amintească de tine.

Ia-ţi păcatele-n spinare
Şi aruncă-le în mare
Cu privirea sus la soare
Bucuros, cu suflet mare.

Nu te lăsa copleşit
De gânduri, de neiubit
Fii un om adevărat
Simplu şi fără păcat.

Concentrat de fericire

Vreau un suc rece să beau
Concentrat de fericire
Pe o bancă-n parc eu stau
Și gândesc la nemurire.

Iau un sorb din sucul rece
Concentrat de fericire
Poate dorul îmi mai trece
De iubirea mea de mâine.

Privesc cerul, văd cocorii
Gust din nou din sucul rece
Gândul meu pleacă cu norii
Concentratul meu se trece.

Mă îndrept spre magazinul
Unde vinde zăhărele
Concentrat de fericire!
Unul, dar să fie rece!

Amestec de trecut, prezent şi viitor

Timpul grăbit mă depăşeşte
Şi dintr-odată-n viitor
Eu mă trezesc plângând şi mă întreb:
Oare trăiesc sau nevoit am fost să mor?

Încerc eu un răspuns să am dar nu se poate
Nu ştiu cu mine ce s-a întâmplat
În viitor deodată m-am trezit
Sau poate, eu am murit cu-adevărat...

Totul în jur cunosc eu ca la mine-n palmă
Dar chiar de simt că e aşa
Este bizar, fără de mamă
Nu simt că eu aş fi în casa mea.

E o senzaţie ciudată, amestec de trecut şi viitor
Simt că-s cuprins de friguri ca de iarnă
Dar în acelaşi timp sudoarea-mi curge
De zici că sunt băgat într-un cuptor.

Să fie oare un poet ce cu condeiu-i
Mă imortalizează într-un nou poem?
Sau un actor ce pe o scenă
Îşi joacă rolul lui de mim modern?

Încerc să mă trezesc la realitate
De astă realitate-ar exista
Nu ştiu de-afară este zi sau este noapte
Nu ştiu, eu mai trăiesc? Ori da, ori ba.

Şi orişicât aş vrea să-ncerc eu să continui
Să desluşesc acest mister
Timpul grăbit mă depăşeşte
Am fost şi sunt poetul viitorului de ieri.

Vecina

Vecina mea de peste drum
La care mă gândesc acum
Îşi spală faţa cu săpun
De dimineaţă.

Iar mai încolo, prin bordei
Trebăluieşte ale ei
O văd cum coase un papuc
Cu-n cap de aţă.

Îşi pregăteşte un dejun
De ăla mic, cu mult magiun
Cu o cafea şi biscuiţi
Puse în faţă.

Când toate astea termină
Ea de pe scaun se sculă
Spre uşa mare se-ndreptă
Uşa din faţă.

În curte-n faţă a ieşit
S-a apucat ea de plivit
Legume, flori, ceapă, ardei
Dar şi verdeaţă.

La animale a intrat
Ca să le facă lor curat
Şi să le dea şi de mâncat
Că este dimineaţă.

Trebăluia vecina mea
Mâinile ea nu-şi odihnea
Până la prânz când a intrat
Din nou în casă.

La ea din nou eu mă uitam
Pe geamul mare o vedeam
Cred că îşi pregătea un plan
Pentru amiază.

Mai pe-nserat ea n-a uitat
Că era bal la noi în sat
Cu-n mare, mare invitat
Acolo-n piaţă.

Eu am văzut-o cum venea
Părul ei lung se ondula
Sub vântul ce uşor bătea
Din nord, din faţă.

La mine ea când a ajuns
Cu plecăciune i-am răspuns
Ea mi-a zâmbit, eu m-am topit
La ea în faţă.

La dans atunci am invitat-o
Mâna încet i-am sărutat-o
Şi cu curaj noi am păşit
Pe ring, în faţă.

După mai multe clipe împreună
Venit-a timpul să ne spunem noapte bună
Şi fiecare a plecat
La el acasă.

Aş fi dorit eu să mai stea
Să ne iubim pe o saltea
Sub luna plină şi o stea
Pân' dimineaţă.

Dar dintr-odată mă trezesc
Mă simt buimac şi ameţesc
A fost un vis, îmi amintesc
Cu o majestoasă.

Era vecina, draga mea
Ce locuieşte-n faţa mea
Mai peste drum, în casa ei
Acolo-n faţă.

Uga naga niga mu

Asa nniga ula mana
Tica mana lunga mu
Ricky taca naca maca
Uga naga niga mu.

Ola mini mini mana
Cari mila mara mu
Togo mina, mina gana
Uga naga niga mu.

Liga lala ina miu
Paca nica paca mu
Mica laca toca nima
Uga naga mina mu.

Iga raga zonga ila
Ziga maza ina u
Toco nama pama mina
Uga naga niga mu.

Arara i a ua nama
Voga nira panga du
Suku nica mala niga
Uga naga mina mu.

Măsurător de timp

Măsoară timpul neîncetat
Tic tac, tic tac, el limba lui îşi plimbă
De când se ştie n-a ratat
Măcar odată o secundă.

Nu oscilează înainte şi înapoi
Şi niciodată în urmă nu se uită
Nu are timp să se oprească pentru noi
De-ar fi măcar o singură secundă.

De când se ştie măsoară fără stop
Timpul trecut şi timpul ce-o să vină
Dar dreptul să se-oprească nu şi-a luat
Nici doar puţin de-ar fi, să se privească în oglindă.

Nu e doar unul, sunt multe mii şi mii
De ceasuri ce măsoară timpul împreună, la secundă
Iar unul de se strică sunt altele ce vor sări
Să numere în continuare timpul ce-a fost şi timpul ce va fi.

Secunda de acum este deja trecută
Iar cele ce-or veni trecute tot vor fi
Iar viitorul a ajuns bătrân într-o secundă
Mă întreb atunci, prezent, când oare va mai fi?

Unde dai şi unde crapă

M-apucai să scriu poveste
Într-o seară, fără veste
Una vrui, alta făcui
Şi-n poezie dădui.

Mă gândeam să fie lungă
Căci la teatru de-o s-ajungă
Să ţină vre-o două ore
Fără pauze sonore.

Dar precum e în poveste
Că de nu e zis nu este
Poezia-i un, doi, trei
Nu prea ai de un' s-o iei.

Chiar de are strofe multe
Versuri lungi, scrisuri mărunte
Nu ţine mai mult de-un pic
Iară pic-ul este mic.

Data viitoare poate
De voi vrea să scriu în stroafe
Poate o ieşi poveste
Acum nu-i, dar poate este.

Aşa că mai aşteptaţi
Până când la teatru staţi
Şi-o s-aveţi o piesă lungă
Scrisă de mine pe fugă.

Unde dai şi unde crapă
Zice un proverb de-o şchioapă
Aşa e cu mine acum
Una zic şi alta spun.

Pân' aici cu vorba lungă
Cine ştie-a scri' să fugă
După pană şi hârtie
Şi să scrie-o poezie.

Dacă nu, să se oprească
Să nu se mai ostenească
Nici să scrie cu păcat
Cu scrisul nu-i de jucat!

Noi doi

De ce a mea iubire ai furat-o
Şi ai ascuns-o între trestii ondulate
Bătute de vânt şi spălate de ape
Pe mal de lac întins în orizonturi depărtate...

De ce nu vii să-mi cânţi o serenadă însorită
Să mă dezmierzi la pieptul tău impunător
Eu vreau să simt în mâna mea firavă calda-ţi inimă
Să o aud cum geme tac, tic, tac...atunci pot să şi mor.

De ce din ale tale buze cărnoase, foc de pară
Eu nu aud şoptind numele meu cu patimă şi dor
Eşti rece-n zi dar caldă eşti în seară
Când ne culcăm noi doi în pat, dar nu şi în acelaşi dormitor.

Eu mereu ajung târziu

În ziua când norocul s-a împărţit
Eram plecat eu la cules de mure
Şi am rămas şi singur şi nefericit
Sub cerul plin de stele, printre umbre...

În ziua când iubirea s-a lăsat
Şi-a coborât din cer sub clar de lună
Doar o bucată mică am apucat
Să astup gaura ce demult aveam pe a mea inimă...

Nici dor nici dragoste n-am apucat
Când îngerii de sus au dat la fiecare
Eram prezent, dar gândul meu era plecat
Cu sorcova la colindat, departe-n marea depărtare...

De sănătate nu pot să mă plâng
Căci am avut noroc cu carul, foarte mare
Eram pe cale ca să plec, să fug
Când cineva mi-a dat să am cât oi trăi sub lună şi sub soare...

Credinţă am dar simt că nu-i destulă
Iar timpul ce cu Dumnezeu petrec nu e de-ajuns
Ai milă Doamne de-al meu suflet şi de-a mea păcătoasă, strâmbă inimă
Şi fă-mă stâlp, lumină vie, suflet bun şi rugător în viaţă cât mai sunt...

Eu mereu ajung târziu
Dar măcar odată-n viaţă
Când s-o-mpărţii nemurirea
Sper prezent şi eu să fiu.

Basm

Merg.
Pașii mei foșnesc prin frunze
Ce căzut-au de demult
Pe aleile ce multe
Șerpuiesc spre cerul ud.

Simt.
Aerul ce mă-nsoțește
Este plin de infinit
Ziua-n noapte se topește
Vântul șuieră argint.

Văd.
Ochii mei zăresc iubire
Și din ei curg lacrimi noi
Totu-n jur e fericire
Eu cu mine suntem doi.

Aud.
Zboară fluturii în roiuri
Și în juru-mi se rotesc
Îi aud cum dau din aripi
E un cântec îngeresc.

Gust.
Gura mi-e plină de bine
Gust de vin d-ăl boieresc
Și de-arome d-alea fine
Ca și cum ar fi ceresc.

Basm.
O poveste împietrită
De pe-un vârf de plumb, cu-n toc
Pe o foaie rătăcită
Lângă-un șemineu cu foc.

Umbre mute și uscate

Umbre mute și uscate se apleacă peste noi
Sunt ca valurile-n noapte ce răsună peste nori
Timpul e trecut și totul e trecut fără de rost
Nu mai e nimic acuma din ce-a fost, ce-a fost a fost.

Gândul meu și-al tău olaltă plâng cu lacrimi de cleștar
Lacrimi reci, lacrimi încinse și cu gust dulce-amar
Ce ne amintesc c-odată fost-am noi oameni ca voi
Și trăiam cu sentimentul că eram liberi și goi.

File de povești ascunse printre cărți rupte de timp
Fără ca cuiva să-i pese pentru că nu sunt de-argint
Nu e liniște nici pace, împrejur totu-i închis
Stăm noi doi pe niște ace sau pe niște-arici cuminți.

Când sunt eu fără de tine sunt albină fără stup
Iară tu cînd ești cu mine ești ca greierele-n nuc
Coborât-a universul peste noi, acum e mic
Ne-a rămas pierdut doar versul și acel ultim iubit.

Înainte de culcare ne privim în ochi, noi goi
Și vedem raze de soare strălucind ca pentru doi
Umblă umbrele sub cerul ce acuma s-a culcat
Nu-i nimic, căci iată trenul vieții e plecat.

Mă sting încet

Mă uit la tine
Și te văd crescând
Mă uit la soare
Și îl văd arzând
Mă uit la lună
Și o văd gândind
Mă uit la stele
Și le văd plângând
Mă uit la nori
Îi văd cum se topesc
Mă uit din nou la tine
Și simt că te iubesc.
Mă îndrept spre o oglindă
Mă uit în ea
Ce văd?
Un om bătrân și singur
Ce viața și-a trăit
Dar timpul a trecut
Și el a îmbătrânit.
Încet, încet mă sting
O flacără în piept
Mă arde, mă topește
Încet, încet mă trec.
Din nou mă uit la cer
A mai căzut o stea
Eu trec în neființă
Aceea e steaua mea...

Vino Tu, Doamne

Coboară Tu, Doamne, aici pe pământ
Să vezi unii oameni ce răi, ce răi sunt
Ei nu au milă şi nici gândul curat
Şi fac doară rele, păcat după păcat.

Vino Tu, Doamne, aici printre noi
Să vezi inimi goale sau pline de noroi
Strigoii cei morţi au ieşit din morminte
Şi nici în biserici nu mai sunt cele sfinte.

Încearcă Tu, Doamne, să-i schimbi dacă poţi
Sunt negri la suflet, sunt răi şi sunt hoţi
Iar cei ce sunt buni, sunt scoşi din mulţime
Sunt omorâţi cu multă cruzime.

Rămâi printre noi fie măcar şi o zi
Să-i vezi Tu pe oameni, sunt reci, sunt pustii
Se scuipă, înjură şi urăsc cele sfinte
Zici c-au trăit mereu în morminte.

Îndreaptă-i Tu, Doamne, pe drumul cel bun
La toţi le arată că Tu eşti Stăpân
Deschide-le ochii şi mintea turbată
Întoarce-i pe drumul bun încă o dată.

Singurătate

De jucării e plină
Această casă mare
Nu am loc să mai trec
Dar sufletul mă doare.

Căci multe-s ele aici
Și n-are cine dară
În mână să le ia
Și să le scoată afară.

El, timpul, a trecut
Copii s-au schimbat
Ei mari toți s-au făcut
Departe au plecat.

Eu stau în casa noastră
Cu o păpușă-n mână
Mă uit la masa goală
Ce multe-ar vrea să spună.

Nepoții sunt departe
Mă sună când și când
În fiecare noapte
Adorm cu ei în gând.

De viața mai ușoară
Ar fi aici la noi
N-am fi în astă țară
Doar noi, bătrâni strigoi.

Ai mei ochi obosiți
La jucării se uită
Cu mâna mea apuc
O mașinuță ruptă.

Cu mâna-mi tremurândă
Apuc un şerveţel
Şi o lacrimă udă
O las încet pe el.

Eu jucării încerc
Frumos să le repar
Căci cine poate şti
Nu-i totul în zadar.

În sus la cer mă uit
Şi avioane văd
Speranţa nu o pierd
Să apuc să-i mai văd.

Iar vara ce-o veni
Pe astă prispă goală
Trei glasuri de copii
M-or îndemna afară.

La Dumnezeu mă rog
Ca timpul să se treacă
Şi-ai mei trei nepoţei
Acasă să se-ntoarcă.

Dar cine poate şti
De Dumnezeu o vrea
Ai lor ochi mici, zglobii
Or umple casa mea.

Uşa e larg deschisă
Şi poate într-o zi
Al lor glas scump şi dulce
Din somn mă vor trezii.

Nu vreau dragoste la kilogram

Te iubesc mai mult decât ieri, dar mai puţin decât mâine
Aşa cum simt, aşa eu îţi grăiesc
Dar mâine mai puţin decât poimâine
Dar orişicum ar fi, mereu eu te iubesc.

Căci cine va putea vreodată
Să vândă dragoste la kilogram
Sau s-o măsoare? Metrul? Iată-l...
Îmi dai un metru de iubire ca să am?

De-ncerci iubirea tu vreodată
Să o măsori, iată cu ce:
Fă fapte bune şi arată
Că tu eşti plin de dragoste.

Să nu fie doar fapte goale
Nici pupuială aruncată-n vânt
Ci astea două împreună
Să fie împărţite, faptă şi cuvînt.

Timpule, timp, tu nu ai timp

Timpule, timp, te scurgi
Tu nu ai timp
Să stăm să povestim
La un pahar de vin
Să stăm să depănăm
Un ghem de amintiri
De fapte bune şi iubiri
De tot ce am avut
Şi tot ce a trecut.
Timpule, timp
Grăbit eşti
Nu ai timp
Mereu pe fugă eşti
Nu ai timp de poveşti
Pe poze să privim
Şi să ne amintim
Prezentul să-l iubim
Doar în trecut trăim.
Timpule, timp
Te treci, tu nu ai timp
Mereu grăbit tu eşti
Mereu eşti pe fugit.
Rămâi să profităm
Noi viaţa ce-o avem
Căci timpul ce-a trecut
S-a dus, n-a mai venit
Şi timpul ce-o veni
S-o trece, n-o mai fi.

Miros de cer

Răscolind printre morminte
Printre oase de ostaşi
Am găsit dureri ce-s sfinte
Aşezate printre paşi.

Supărată mi-e privirea
Gându-mi este trist, tăcut
Am gustat eu fericirea
Dară ei, oare-au putut?

Au lăsat dor şi iubire
Tot ce-n lume au avut
Acum sunt toţi în morminte
Îmbrăcaţi în foi de lut.

Flori răsar pe ici, pe colo
Printre pietre, printre crengi
Nu e una nici nu-s două
Şi au un miros de cer.

Ale mele lacrimi multe
Cad continuu peste voi
Udă oasele ce-s sfinte
A celor ce sunt eroi.

Mă îndepărtez de locul
Unde timpul parc-a stat
Las eroii să îşi doarmă
Somnul binemeritat.

Vremea trece, vremea vine

La fereastra unei case
Un bătrân pe geam privea
Ochii-n lacrimi, gene dese
La trecutul lui gândea.

Când era copil la mama
Jucării el nu avea
Dar mereu la animale
Îi plăcea a le cânta.

Când mai mare s-a făcut
Vremea școlii i-a, sosise
Limba română i-a plăcut
Cu sintaxe, verbe scrise.

Facultate n-apucă
Să mai facă, căci războiul
La oaste pe el îl chemă
Să păzească teritoriul.

Camarazi mulți a pierdut
Luați de gloanțe inamice
Ori sub tancuri au căzut
Îngropați de vii, făr' cruce.

A avut noroc căci Domnul
Viu acasă l-a întors
La copii și la nevastă
Capul casei el a fost.

Vremea trece, vremea vine
El copiii a însurat
Pe la poartă-i rar mai vine
Câte unul, doar l-a luat.

De nepoți el n-avu parte
Pân' acum, c-ai lui copii
Toți plecară rău departe
Pe-alte uliți, pe-alte glii.

A lui soață fu răpusă
De o boală grea de tot
Și la Domnul sus se dusă
El e sigur, asta-i tot.

Stă și-și plânge bătrânețea
A lui zile încet se scurg
Singur e și casa goală
E ca un imens coșciug.

Nu mai știe ce să facă
Totul a fost ca un vis
Viața a trecut și iată
Stă la geam singur și trist.

Chiar nici lacrimi nu mai are
Și chiar de le-ar mai avea
Se gândește-n el bătrânul
Are rost a le vărsa?

Viața-i făcută de Domnul
Și doar El i-o poate lua
La momentul cuvenit
Lumea asta va lăsa.

Vremea trece, vremea vine
Mai devrem' sau mai târziu
Vom ajunge noi ca tine
Om bătrân cu suflet viu.

Mai mult decât mai mult

Te rog pe tine Doamne
Dă-mi gîndul cel curat
Îndrumă-mi ziua pașii
Mă scoate din păcat.

Păzeşte-mi mintea noaptea
Grijeşte trupul meu
Nu-mi lua în seamă fapta
Ce fac împins de-ăl rău.

M-ajută, dă-mi puterea
De-a te iubi mai mult
Mai mult decât pe mama
Mai mult decât mai mult.

Tu m-ai creat pe mine
Tu eşti Primul, cel Sfânt
Eşti pace, eşti iubire
Eşti gând curat, eşti cânt.

Doar Tu eşti Tatăl nostru
Al meu, al tuturor
Iubire fără seamăn
Izvor de viață curgător.

Cu lacrimi multe, grele
Genunchiul jos plecat
Te rog mă iartă Doamne
Mă scoate din păcat.

Nu-s pion, sunt un nebun

Fii stăpânul vieții mele
Inima de tot ți-o dau
Toată viața asta toată
Doar cu tine vreau să stau.

Dă-mi te rog iubirea ta
Dă-mi te rog iubirea toată
Să te simt pe pielea mea
Fă inima mea să bată.

Să te simt vreau lângă mine
Atinge-mă! Nu mai pot
Tu, iubire, mă sărută
Mă pătrunde peste tot.

Nu m-abandona-n pustie
Nu-s pion, sunt un nebun
Ce cu greu suportă soarta
De a nu avea stăpân.

Poate ști cum e să doară
Sufletul când e rănit
De o suliță vrăjmașă
Cu vârful în venin umezit.

Nu mă fă să fiu acela
Care suferă îndelung
Care pierde neîncetat
Meciul vieții e jucat.

Când cu mine, când cu ăla
Când cu amândoi sincron
Tu te joci cu viața noastră
Nu ai milă nici pardon.

Timpul trece, vine...

În gândurile tale toate
Tu să mă ai şi zi şi noapte
Pe buze şi în fapte
Să mă alinţi.

Vreau să îmi fii aproape
Chiar de e zi, chiar de e noapte
Şi-n gânduri şi în şoapte
Tu să-mi revii.

Vreau să îţi simt misterul
Şi gândul tău şi cerul
Cu părul tău ce-ţi curge lin pe spate
Să mă cuprinzi.

Să fiu doar eu cu tine
În focuri de iubire
Şi armele să fie mute
Pe-ntreg pământ.

Rămâi te rog cu mine
Simt că ţi-e greu şi nu ţi-e bine
Dar timpul trece, vine
Nu suntem sfinţi.

Te aştept cu vals şi cu tango

În versuri îţi scriu
Căci nu te găsesc
În ochi să te văd
Să-ţi spun că te iubesc.

Scrisoarea deschisă
Lângă floare o aşez
Pe masa din colţ
Ca să o vezi.

O muzică lentă
La pick-up pornesc
În caz că apari
La dans să te poftesc.

Mă aşez în divan
Cu o carte în mână
O carte de versuri
Ce am scris-o de o lună.

Aştept, timpul trece
Şi trece pustiu
Eu simt, viaţa-i rece
Dar încă sunt viu.

De zeci de ani
Aceaşi rutină
Zi după zi
Eu n-am nici o vină.

Un vals de Tchaikovsky
Răsună nebun
Sunt singur pe ring
Cu floarea în mâini.

Singură floarea
A acceptat
Să iasă la dans
Cu un om neîmpăcat.

Deja e târziu
Speranțe nu am
Să vii să dansezi
Pe tango de Mozart.

Am obosit
De atâta dansat
Și floarea s-a rupt
Păcat, ce păcat...

La fel ca și ieri
Și azi a trecut
Tu n-ai apărut
Sunt singur, tăcut.

Gata! Tot strâng
Scrisoarea o pun
Acolo în grămadă
Sunt mii până acum.

De mîine o fi
Din nou îți voi scrie
Scrisoarea deschisă
Pe masă va rămâne.

Pe masa din colț
Acolo lângă scrisoare
Pentru tine o să las
Un buchet, nu o floare.

Tot sper c-o să vii
Că nu m-ai uitat
Cu vals și tango
Te aștept neîncetat.

Trecut-au anii

Trecut-au anii şi-o mantie argintie
S-a aşternut şi ridurile, mii
S-au aşternut fără de teamă nici ruşine
Dar tot eu sunt, ca-n prima zi.

Demult, demult, eram copil de-o şchioapă
Spre grădiniţă cu mama mă-ndreptam
Când te-am văzut, tu, o prinţesă, erai mică
Să fi avut...vre-o trei sau patru ani.

Tu m-ai privit şi m-ai chemat la tine
Hei! Tu!...Nu vrei să ne jucăm?
Iar eu timid, mă ascundeam în mine
Şi mă rugam de mama: Te rog mămică, haide să plecăm!

Dar după ani, ne-am întâlnit la şcoală
Stăteam în banca gri, doar eu şi tu
Atuncea am simţit că-mi eşti aşa de dragă
Şi n-auzeam când doamna ne vorbea de munţi, de ape sau de huni.

Adolescenţi fiind, ieşeam şi ne ţineam de mână
Iar când şi când, primeam câte-un sărut
În noi se aprinsese o flacără divină
Pe care o hrăneam din ce în ce mai mult.

Trecut-au anii şi orele din zile
Veneau, treceau şi tot aşa mereu
Până-ntr-o zi când plini de pace şi iubire
Noi ne-am unit pe veci în casa bunului Domn Dumnezeu.

Copii noi am avut şi le am dat în parte
Şi şcoală şi iubire, credinţă-n Dumnezeu
Am petrecut cu ei doar clipe minunate
Chiar dacă câteodată, ne-a fost poate şi greu.

Dar a venit şi vremea senectuţii
Când eu şi tu, acasă singuri am rămas
Nepoţii îi plimbăm ţinându-i strâns de mână
Şi îi privim cum cresc, ceas după ceas.

Ca-n prima zi eu încă te iubesc, mi-eşti dragă
Dar timpul repede s-a scurs, ca ars
A fost plăcut, dar a trecut degrabă
Să profităm de zilele ce ne-au rămas.

Poetul absolut

Scrie Doamne pentru mine
Un destin mai indulgent
Ca să trec prin lumea asta
Ca şi om şi ca poet.

Dă-mi idei şi mână-mi mintea
Ca să pot să scriu mai mult
Şi mai mult dar şi mai bine
Cât voi fi pe-acest pământ.

Nu am scris mult pân' acum
Şi de-am scris, n-am scris prea bun
De aceea te rog Doamne
Scrie-mi Tu, că eşti mai bun.

Eu voi copia tot ceea
Ce Tu Doamne-mi vei dicta
Iar ca semnătură, Doamne
O să fie doar a ta.

De-mi permiţi, voi fi acela
Ce-ntr-o carte cu coperţi
Poeziile adunate
Le voi publica, n-au preţ.

Tu eşti Doamne, Creatorul
Şi poetul absolut
Eşti mai mare decât cerul
Eşti perfect şi chiar mai mult.

Yadia

En un pueblo argentino
Escondido entre las nubes
Nace una bella niña
Yadia, su lindo nombre.

Sonriente como nadie
Muy humilde, como el viento
Has pasado por la vida
Como un ángel desde el cielo.

Te has ido tan temprano
Dejando aquí mucha gente
Un hermano, una madre
Que te guardan en sus mentes.

Pero Dios es como nadie
Y elige a los mejores
Para que le acompañen
En los jardines con flores.

Alegría y tristeza
En pareja andan juntos
Silvia solloza sola...no...
Con Marcelo, los dos juntos.

Nada es como queremos
Quizás no lo merecemos
Pero nunca, nunca es tarde
De amar lo que tenemos.

Identité de qui?

Quand j'étais seul, invisible, perdue
J'étais un sauvage, sans pensée, inconnu
Un homme simple, mais libre, sans contenu
Ni présent, ni passé, ni besoin des autres.

Mais le temps vite a passé
J'ai grandi sous les étoiles et battu par le vent
Individu présent dans le corps et dans l'esprit
Mais errant dans le temp présent.

Hier était, aujourd'hui c'est et demain sera
Et mon corp s'il se réveille ce sera
Comme un mort entre les vivant
Comme un vivant entre les fantômes.

Errer seul sur la belle terre remplie de douleur
Un corp oublié sans voix et sans sa pensée
Je suis toujours moi, même si je pleure
Sans larme, sans douleur et sans bûcher.

Qu'est-ce que tu sais sur moi, tu me regarde mais tu me vois?
Tu me comprend mais m'entend-tu?
Qui suis-je? Identité de qui? À qui?
Tu ne me connais pas, tu ne me comprend pas,
seul des paroles dites, vides, froides…

ISBN 978-2-9823053-0-4

Lucrare înscrisă în catalogul Bibliotecii Naționale a Canadei
Lucrare înscrisă în catalogul Bibliotecii Naționale din Quebec

Autorul și editorul prezentei lucrări dețin toate drepturile de autor asupra acestui volum de poezii. Toate materialele sunt originale. Nu a fost folosită IA. Orice reproducere, totală sau parțială, prin orice mijloace așa cum și traducerea în totalite sau parțială, în orice altă limbă, fără permisiunea scrisă a deținătorului dreptului de autor, reprezintă o încălcare a legislației cu privire la protecția propietății intelectuale și se pedepsesc civil/penal în conformitate cu legile în vigoare.

© COPYRIGHT, CRISTIAN CHISTRUGA
TOATE DREPTURILE REZERVATE

CONTACT: CHISTRUGA.CRISTIAN@YAHOO.CA

MONTREAL   CANADA   2024

www.ingramcontent.com/pod-product-compliance
Lightning Source LLC
LaVergne TN
LVHW051306200726
843510LV00010B/1307

9 782982 305304